Reinhold Bulgrin GOTTESTRÄUME

Reinhold Bulgrin

GOTTESTRÄUME

Metaphysische Gesänge

J. G. Bläschke Verlag A — 9143 St. Michael

CIP-Kurztitelaufnahme der Deutschen Bibliothek

Bulgrin, Reinhold:
Gottesträume : metaphys. Gesänge / Reinhold Bulgrin.
— S(ank)t **Michael : Bläschke,** 1980.

Druck: J. G. Bläschke Presse, St. Michael
Printed in Austria

ISBN 3—7053—1111—5

SUCHEN

Vorspruch

In Welten denken
und sein Herz verschenken,
das ist des Menschen
edelster Beruf:
vom Freund zum Feinde
wie vom Wirken zum Entsagen,
vom Endlichen zum Ewgen
Brücken schlagen
und das Geheimnis dessen
zu ergründen wagen,
der ihn erschuf.

Enthebung

Nacht ohn' Ende, dunkles Ahnen,
lass die bleichen Silberfahnen
deines Traumlands mich umhüllen,
das Vergängliche zu stillen.

Lass mich schweben, lass mich gleiten
in die zarten Seligkeiten,
Schleier heben, Hauche senken,
atmend mich ans All verschenken,

in dem mildesten Berühren
künftgen Daseins Wonnen spüren,
reiner Quellen Überfliessen
dankbar dürstend nur geniessen,

nicht vergehen, schwindend leben,
an Bewegung hingegeben,
die aus Zeiten in Äonen
übergeht, wo Engel wohnen,

in den fernsten Räumen hangen,
schimmernd wie Geschmeide prangen,
auferglühn im ewgen Licht
stumm vor Gottes Angesicht . . .

Litanei der tiefsten Besinnung

Ich will meine Mitte
und in ihr ruhn,
meine Kräfte lösen,
beschaun ihr Tun,

taub allem Lärm sein
und blind allem Licht,
will nur ertasten
der Mutter Gesicht,

in ihrem Garten
Verlangen stillen,
geduldig warten
auf neues Erfüllen.

Der Raum meines Leibes
sei, was mich hält,
in ihm will ich werden
der Keim der Welt.

Das reine Sein

Gewes'nes flieht und Künft'ges mag nicht nahen —
wer wagt es noch, Gezeiten zu bestimmen? —
denn alle, die mich einst von weitem reifen sahen,
seh ich als längst erloschene Flammen glimmen.

Reue zerrinnt und Sorge darf nicht zehren,
Glaube zerglüht und Hoffnung senkt die Fahnen,
allein die Liebe weht mich an mit Ahnen,
daß ihre Regungen das ewge Leben mehren.

Nichts will ich fürder als im Atem weben,
der Einlass suchend meine Räume weitet,
dem Weibe gleich, das seiner Anmut Pforten breitet,
ist ihm mein Innres heilig hingegeben.

Von seinem Hauch beseelt, will ich mich finden
im reinen Sein, wo jede Schranke fällt.
Was immer mich umfing, lass ich entschwinden,
was bleibt, bin ich — ich bin die Welt.

Und gleich dem Duft der seltnen Rebe
liegt meine Sage über jedem Land —
Die Fernen mögen ahnen, daß ich lebe —
ich will nur sein in Gottes Hand.

Sein Ruf

Sink auf den Schwingen deiner Schwere in die Tiefe
der Erde und entzünde dich an ihrem Flammenkern,
dann steige, so als ob dich jemand riefe
aus Himmelshöhen, in die Wolken — fern

und ferner lass dich flammend glühend tragen
durch Sternenwelten hin zu Gottes Thron,
und stürze nieder, blind, und hör dich bebend sagen:
„Ich komme aus dem Abgrund, doch — ich bin Dein Sohn."

Die Lust des Lebens und die Wollust des Vergehens
in Ihm, der aus dem Staube dich erschuf,
spürst du im starken Anhauch Seines Wehens
und weißt: was je dich rief, es war — Sein Ruf.

Wer bist du?

Bist du der Hammer, der innerlich hämmert,
schlagend das Blut durch die Adern mir treibt,
bist du die Kammer, in der es mir dämmert,
daß auch das Göttliche dunkel uns bleibt,

wenn wir nicht selber zum Licht uns erheben,
freudig und froh über Sonne und Tag,
wenn wir nicht willig dem anderen geben,
was er sich selbst nicht zu geben vermag?

Bist du die Freude, bist du die Trauer,
bist du der Jubel, bist du der Schmerz?
bist du die Freiheit, bist du die Mauer?
bist du das All oder nur — unser Herz?

Unermüdlich auf seiner Spur

Bist denn du, den ich mit Inbrunst besinge,
wahrhaft und wirklich der himmlische Vater,
oder sind — da ich im Lied sie vollbringe —
meine Gedanken nur stille Berater

eines Verlangens, jedwedes Geheimnis
deiner Beschaffenheit kühn zu entschleiern,
um bei Vermeidung aller Versäumnis
Gipfel und Grund deines Wesens zu feiern?

Bin ich imstande, dich ganz zu erfassen,
oder darf ich nur auf Straßen und Gassen
Spuren des Göttlichen sammeln und binden,
ohne den Strahlenquell jemals zu finden?

Segne mein Suchen mit deiner Begnadung,
daß die Bemühung um deine Erratung,
findet sie nimmer dein' Wesenheit ganz,
spiegelnd enthüll' deiner Herrlichkeit Glanz.

Credo, ut intelligam

Er ist dir so nah wie der Hörer im Rund,
dem, der aus der Mitte des Kreises spricht,
er ist dir so nah wie der Kettenhund,
der aus dem Dunkel der Hütte bricht.

Er ist dir so nah, wie die Mauer des Berges,
der steil vor dir auf in die Wolken ragt,
er ist dir so nah wie die Seele des Zwerges,
der furchtsam in deine zu blicken wagt.

Denn Ferne und Nähe sind gleichbedeutend
für ihn, der die Welt als Unendliches schuf,
und so — das Fernste und Nächste vermeidend,
ertönt überall dir sein lockender Ruf.

Und willst du ihm folgen, so gib dich zu eigen,
der Nähe und Ferne, der Nacht wie dem Tag,
denn nur in der Gleichung wirst du ersteigen
die Stufe, die ihn zu begründen vermag.

Ungreifbar

Oft ists, als ob ein Unberührbares
das Wesen deines Seins umschließt,
ein Einfaches und Unverlierbares,
das mit Bewußtsein nicht zu fassen ist.

Das uns ermahnt, um dich herumzugehen
wie eine Katze um den heißen Brei,
von dem wir doch verständnislos verstehen,
daß es das Ziel all unsrer Wünsche sei.

So, daß wir die Empfindlichkeit
als deiner Wohltat Schale greifen,
in der aus unerkennbarer Verbindlichkeit
für uns bestimmte Früchte reifen.

Wir fürchten uns, die Schale zu zerbrechen,
obwohl wir gierig nach den Früchten sind,
und meiden alles Ungestüm und alle frechen
Begehrungen wie ein verscheuchtes Kind.

Bis eines Tages erlischt all unsre Sucht
in einem Licht, in dem kein Schein mehr trügt,
und die für uns bestimmte Seelenfrucht,
der Kern der Schale, klar vor unsern Augen liegt.

Wissen und Glauben

Ich kann nicht glauben, daß ein Gott wie du
an Pflicht und Schuldigkeit gebunden sei,
dein innres Wesen ist die ewge Ruh,
und wirkst du, ist dein Wirken frei.

Ich kann mir denken, daß du an Gesetze
dich bindest, die du selbst dir gabst.
Ich kann nicht glauben, daß ein Trunk dich netze
noch daß du dich an Speise labst.

Anmaßung der Vermessnen ists zu meinen,
das Menschlein sei nur wenig weniger als du,
und, zu ergründen, ob du lachen, weinen
jubeln und klagen kannst, steht uns nicht zu.

Ich fürchte, du wirst einst Gerichtstag halten
über der dumpfen Grübler wirr Gebarme.
Ich . . . brauche nur mein Denken auszuschalten
und meine Seele fliegt in deine Arme.

Empfindsame Bescheidung

Geläng es je mir, deinem Strahlenkleid
das meine nur von ferne anzugleichen, —
es müßt zur Stunde jede Bangigkeit
aus meinem zagen Herzen weichen.

Ich wäre dann an irgend einer Stelle
in gleichgeformten Ringen in dich eingeschlossen,
und könnte über Raum- und Zeitenschwelle
in Zukunft wandeln, was doch längst verflossen.

Ich dürfte auch das Wesen der Vollkommenheit
wie einen Duft aus nahen Gärten ahnen,
es wüchsen Flügel meiner Dankbarkeit
und meinen Glaubenszinnen neue Fahnen.

Doch wag ich nicht, um eine Gunst zu bitten,
die du mir nicht von selbst willst schenken.
Ich habe gar zu viel um dich gelitten,
und bin enthaltsam nun im Wünschen wie im Denken.

Sieh ins Licht!

Könnt ich verschmelzen deiner Größe Macht
mit unsres Alltags Ohnmacht und Verwirrung,
könnt ich bewirken, daß die Sonne lacht
über des Kindes schuldbefreite Irrung,

könnt' zwischen Erd' und Himmel ich die Drähte finden,
Verbindungskräfte, die sich ahnungvsvoll verschweigen,
Geläng es mir, der Sterne Funkeln und Monde Ründen
in unausweichlichen Gesetzen aufzuzeigen —

ich wüßt trotz allem deine Wohnung nicht,
auch nicht den Weg, den täglich du beschreitest,
und könnte allen, denen du die Sehnsucht weitest
nach dir, nur immer sagen: sieh ins Licht!

Neuer Beginn

Ich werde niemals müde werden,
von dir zu sagen und zu singen,
ich kann im Himmel wie auf Erden
nur diese eine Tat vollbringen.

Seit ich dich fand in meinen Dunkelheiten
als meines Wesens Quell und Halt,
will immer neu sich mir mein Dasein weiten
zu jeder göttlichen Gestalt.

Du bist unendlich, niemals auszusagen
mit Worten, die von unsren Lippen rinnen,
und dennoch muß ich stets von neuem wagen,
und jedes Ende ist ein neu Beginnen.

Tagfurcht des Kranken

Wenn in dem Graun des Morgens
mein' Seele sich erhebt,
sie vor der Qual des Sorgens
heftig erbebt.

Will in die Nacht sich flüchten
mein schwacher Sinn,
allwo in Traum und Dichten
daheim ich bin.

Gib Kräfte, Herr, im Stillen
die Tagfurcht zu bestehn,
doch laß mit deinem Willen
mich bald — nach Hause gehn.

Gebet des Kranken

Willst du mich heilen,
so laß mich sinken,
in dir verweilen
und Wonnen trinken —

Willst du mich wählen,
geh in mich ein,
dein Glanz soll stählen
mein schwach Gebein.

Willst mich beglücken?
durchdringe mich
mit einem Entzücken,
das niemals wich!

Willst du mich stärken
so gib mir Kraft
zu allen Werken
der Leidenschaft!

Willst du mich schonen,
so heb' mich auf,
und laß mich wohnen
im Sternenhauf' . . .

Der andere Weg

Geh, — such ihn nicht in fernen Sternen-Sphären,
Du selbst mußt ihn aus dir heraus gebären!
Dein Dämon ists, der leidend in dir handelt,
und dich durch sich in ihn verwandelt.

Durch Katastrophen der Ermattung, Höllen des Versagens,
Verzweiflungen des (wie du meinst) nicht mehr Ertragens
mußt du hindurch mit Zittern, Beben, Keuchen —
nicht eher wird der Dämon von dir weichen,
als bis du, selbst voll Zagen und voll Bangen,
in seine Wesenheit bist eingegangen.

Dann leuchtet fern am Ende einer Schlucht
von Finsternis und dumpfem Sterbenwollen
ein Glanz aus der Vollkommenheit des vollen
vollendet Göttlichen in deine wilde Flucht.

Aufatmend hörst du helle Flammen singen:
versäume nicht, das Opfer darzubringen,
ergreife mutig, was zu deinem Amt dir fehlt,
du bist berufen, bist zum Licht erwählt.
Daß Göttliches zu Gott getragen werde,
ist Schicksal, Sinn, Bestimmung dieser Erde.

Pater extaticus

Ich weiß um den Trieb, der mich innig beseelt,
es ist das unendliche Sehnen,
aus ihm will in das Unendliche selbst
meine wachsenden Schwingen ich dehnen.

Das Unendliche selbst ist Gewalt und Gestalt
der Welten und Himmelräume,
in denen vieltausendfach widerhallt
der Gesang meiner wildesten Träume.

Ich steige ins Licht und sinke seitab
in des Suchens entlegenste Klüfte,
ich stürze kopfüber und küsse mein Grab
und schnelle empor in die Lüfte.

So meß ich den Abgrund, so rag ich zum Grat,
das Hohe und Tiefe verschränkend,
eine schwingende Saite, der eigensten Tat
urtümlichste Weise verschenkend.

O Herr der Gesänge, gib mir die Kraft,
in unendlicher Spannung zu leben,
in ewiger Leidens- und Liebeshaft
zwischen Gipfel und Abgrund zu schweben.

Meditation

Jede Sekunde des Grams und jede Minute der Trübung
soll mir Ermunterung sein, mein Verlangen ins Jenseits zu senden,
deines in Mattheit versinkenden Bildes Schwanken zu enden,
heimzuholen ins Herz seinen Glanz durch verstärkende Übung.

Denn deines ewigen Anteils Gebundenheit zieht unsre Schwäche
saugend hinein in das Feld deiner Kraft, deren reißenden Bäche
spülen den Jammer wehleidgen Versagens im matten Gewimmer
kräftig hinab, in dem Kehricht der Tränen zerlösend die Trümmer.

Traumkreise

Dann wieder kommt ein Tag, an dem ich sinke
ins Dämmergrau des leeren Raums
und keine andre Nahrung trinke
als nur den Tau von Blättern jenes Baums,

in dessen Schatten meine Nornen spinnen
die zähen Fäden meines Lebenswillens,
indes in ihrem Schoß tiefinnen
sich schließen Kreise endlichen Erfüllens.

Ich sauge still an ihren vollen Brüsten,
ich seh die Frucht in ihrem Schoße reifen —
und fahre fort, bewegt von andern Lüsten,
in ihrem Dämmergrau umherzuschweifen.

Ewige Mutter

Du hebst dich auf vor mir ins Riesengroße,
als gelt' es nicht nur, dieser Erde Lebenswillen
an deinen starken Brüsten satt zu stillen,
nein — auch zu wachsen bis ins Grenzenlose,
um jener Sterne Leuchten aufzuspüren,
die deines Haares Flechtenkrone zieren.

Du bist die Welt und bist in ihr die Erde,
in der ich wuchs vom Zarten bis zum Reifen,
doch — muß ich oft auf wilden Meeren schweifen,
bist du der Fels, an dem ich scheitern werde,
um meines Ankergrundes Tiefe zu begreifen.

Von deinem Scheitel bis zum Rand des Saums
am Faltenwurf, der deine Füße hüllt,
geht wie ein Mast der Stamm des Qualenbaums,
gekreuzt vom starren Querholz — sieh das Bild
des Sohnes, den du einst der Welt geschenkt!

Ich schau auf dich, und sehe wie die Träne quillt
in deinen Augen, die die Welt beregnen,
und weiß: das Leid, das über mich verhängt,
es ist d e i n Schmerz — er wird mich segnen.

Bitte

Ich kann nicht mehr auf dieser Erde leben,
ohne mit dir die Fühlung zu behalten,
und willst du mir kein neues Zeichen geben,
muß ich es suchen in den alten

Belehrungen, die in den Büchern sind,
in denen dicht an dicht die Lettern stehen,
und deren Zeichen mich umwehen
wie Hauch von längst erstorbnem Wind.

Und keines kann mich so berühren,
wie wenn du selber zu mir sprichst,
wie in den Zeiten, da in stetem Führen
du nicht von meiner Seite wichst,

mir in die Ohren pflügtest deiner Schläge Rat,
die Welt von neuem zu gestalten,
und nimmermehr vor frischer Tat
zurückzublicken zu dem Alten.

So wollen wirs auch ferner halten:
mach' mir die Zukunftsbahnen rein,
laß deinen Zorn, laß deine Milde walten,
nur eines: laß mich nicht allein.

Wohin?

Über die Kämme der schäumenden Wogen
gleitet mein Schifflein, von Kräften gezogen,
die aus des Ewigen himmlischem Schenken
sich in die Flanken des Endlichen senken.

Fragt nicht nach Führung, fragt nicht nach Geleite,
verachtet das Gestern, entwertet das Heute,
um in der eilenden brausenden Fahrt
Zukunft zu bergen in Gegenwart.

Seinen ins Leichte enthobenen Sinnen
müssen zerrinnen Räume und Zeiten.
Liegt denn das Ziel in unendlichen Weiten?
Liegt es verankert ganz tief da drinnen?

Wird der Beweger mit kräftigem Handeln
mir meine Segel in Flügel verwandeln?
Wird er im Zorn übers Ziel, das verloren,
wütend im Sturm, in den Abgrund mich bohren?

Wälze nicht töricht im Hirn der Gedanken,
quäle dich nicht mit dem fragenden Schwanken:
niemals hat der um den Sinn dich bestohlen,
der diese rasende Fahrt dir befohlen.

Transcendenz

Du mußt in allem sein, was aus dir geht,
um dein Entlegnes zu begreifen,
im Wellenzug, der deinen Willen übersteht,
in immer größre Weiten schweifen.

Im Strahl der Sonne wie im Duft der Rose
muß dein Geheimnis in die Ferne blühen
enthüllend, wie im dunkelwarmen Moose
die Keime des Vergänglichen erglühen.

Und selbst vergänglich, darfst du dir nichts sparen
als einen letzten selgen Atemzug.
Mußt dich zerlösen lassen in Gefahren,
die dein Bewußtsein nur mit Angst ertrug.

Und all' dein Hartes mußt du selbst erweichen,
wenn du die Übergänge finden willst,
bis du im endlichen Erreichen
des Göttlichen dein Urverlangen stillst.

Orphisch

Kennst du die Boten zwischen Toten und Gestirnen?
Es sind die Klänge, die von hohen Firnen
ins All geschleudert, den Kometen Kunde bringen,
dem fernsten Glutball noch von unsren Herzen singen.

Stimm deine Leier ein auf diese Sphären
und gönn all denen Teil an deinem Klingen,
die in der Erde Schoß das heimlich heilge Ringen
der ewgen Mütter schon vernehmlich hören.

Dann tönt das All, in deine Hand gegeben,
vom Kern zum Rand, vom Tiefen bis zum Hohen,
und überall, wo Wesen sterben oder leben,
wird deines Aufklangs reine Flamme lohen.

Ahnung der Einung

Ich lebe fern der Außenwelt
in einem weiten wohldurchwärmten Raum,
er ist von innen her erhellt
und spürt das Wehn der Winde kaum.

Und wenn ich drinnen meine Schwingen rege,
geschieht es leicht und still nach Falter-Art.
Ich weiß nicht, daß ich mich bewege,
und jeder Antrieb bleibt mir hold erspart.

Ich will nichts und bewirke nichts aus mir,
ich bin nur Mittel überlegner Kräfte,
verzehrend saug ich meine eignen Säfte
und bin in Welt verwandelt für und für.

Belehrung

„Ich ruf ihn, nenn' ihn, rühm' ihn allerwegen —
umsonst! — er gibt mir seinen Segen
nur heimlich, spärlich, unauffällig
ich fürchte, er ist ungesellig,
er liebt die Einsamkeit, ja das Verborgensein?"

„Nun, ja, mein Freund, wie kann es anders sein?
Nimm an, du seist beauftragt, eine Welt zu lenken, —
wärst du imstande, dich an alle zu verschenken,
um jede Kleinigkeit dich zu bekümmern,
auch wenn die Kinder noch so heftig wimmern?

Wer überall ist, darf sich nirgends zeigen,
willst du ihn spüren, — mußt du ihn — verschweigen!"

Verschleierung

Wollen die Gottesfreuden recht verstanden werden,
so mußt auf ihren Spuren du das Land durchwandern,
und nicht nur denen, die ihn sehen, sondern auch den andern,
die ihn nicht sehen, lindern die Beschwerden.

Denn er verbirgt gern ın wechselnden Gestalten,
er klingt durch Wälder dunkel wie ein Tier,
er lebt in jungen Menschen wie in alten,
und tritt doch selten sichtbarlich herfür.

Du mußt ihn spüren wie geheime Fäden,
die sich durch deines Hirnes Kammern spinnen,
du mußt ihn retten aus den schwülsten Reden
der Menschen, die so leicht ins Nichts zerrinnen.

Weil er vollkommen ist, gibt er sich spärlich,
und ist beständig vor sich selber auf der Flucht,
und dennoch ist er unentbehrlich
für jeden, der ihn wahrhaft sucht.

Dem Schwindenden

Wenn wir dich nicht als Vater finden,
so suchen wir dich als Unendlichkeit,
als könnten wir in weit hinausgeschobnen Wänden
ins Grenzenlose die Vergebung aller Sünden
erlangen, die in uns beging die Zeit.

Denn nur, daß wir in Raum und Zeit beschlossen,
macht unser Tun zum Unrecht, zum Vergehen,
und nur, weil wir den Sinn des Irrtums nicht leibhaftig sehen
(so wie die Schnitter schau'n die Halme, die sie mähen),
wird unser Tun als Unterlassung eingegossen

in jene Schalen an der Waage des Gerichts,
die steigend, sinkend für und gegen uns entscheiden,
auch wenn voll Ahnung ihres wechselnden Gewichts
geflissentlich wir jeden Irrtum meiden.

So bleibt uns nur, Erlösung dort zu suchen,
wo über Raum und Zeit erhabne Wesen
befreit vom Unterschied des Guten und des Bösen
von unserm Tun nur noch den reinen Willen buchen.

Beharrlichkeit
(Letzter Ansporn)

Es grämt uns, daß du niemals ganz dich gibst,
und daß wir immer um dich bangen müssen.
Wir spüren, daß du uns als Menschen liebst,
doch unsre Gegenliebe leicht kannst missen.

Wir aber können nicht auf dich verzichten,
auch wenn du meinst, du müßtest dich verhehlen,
denn es gehört zu unsern ewgen Pflichten,
zur rechten Zeit den Weg zu dir zu wählen.

Gar viele freilich enden in Bescheiden,
in Starrsinn und kleinmütigem Verzicht —
ich lasse mir mein Streben nicht verleiden,
ich will dich suchen bis zum Weltgericht.

Geist der Schwere

— als ob ein Mühlrad mir am Halse hinge,
ein schwerer Stein belaste meine Brust:
es ist unmöglich, daß ich singe
in alter Fröhlichkeit und heller Lust.

Ich weiß, daß du mich nicht verlassen hast.
Ich weiß: du kannst mich nicht verlassen —
und doch liegt auf der Welt ein trüber Glast,
und all' mein Hoffen will verblassen.

Will ich in diesem engen Kreis verkümmern,
da niemand fragt, was ich zu geben habe?
Willst du die Schale selbst zertrümmern,
die du gefüllt mit deiner Labe?

O schenke mir die Blicke des Vertrauens,
ein kleines Zeichen deiner Wirksamkeit,
gib mir Gewißheit neuen Schauens
in dieser freudearmen schweren Zeit!

FINDEN

Warnung

Ich bitt' euch: unterschätzt sie nicht,
des Satans ewig dunkle Mächte!
Fragt lieber euch: wer gab ihm Lebensrechte
und seinem Wirken heiliges Gewicht?

Wißt ihr, ob Satan Gott gefällt?
Gott liebt ihn nicht, Gott haßt ihn nicht,
doch zwischen Liebesgunst und Glut des Hassens
wiegt sich das Zünglein des Geschehenlassens —
und hier liegt die Gefahr der Welt.

Verdüsterung

Ich sah dich strafen und ich wurde inne,
welche Gesetze deine Hoheit birgt,
und daß nicht immer nur die reine Minne
in deinem dunklen Walten wirkt.

Ich sah den Knecht, den unbotmäßigen, zerschellen
an seines eignen Pfluges scharfer Schar,
ich sah den Schiffer treiben auf empörten Wellen,
der deiner Lotsung ungehorsam war.

Ich sah in blutger Sichel Schwarm die Mägde kreischen,
die ungetreu mit deinem Gut geschaltet,
ich sah den Femerichter Tötung heischen,
der seines Amts in deinem Namen waltet.

Ich sah dich thronen als den nur — Gerechten,
der unbarmherzig Untat ahnen will —
ich beugte mich vor Deines Grimmes Mächten
und legte meine zarte Harfe still.

Nun will ich harren, wie du mir erscheinst,
ob zürnend, grollend oder voll von Gnade,
und ob du beides gar vielleicht vereinst
im Zwielicht wechselvoller Erdenpfade.

Fragen

Wie aber soll ich mich verhalten,
wenn mir der Böse offnen Schaden tut,
mit Hohn zertrümmert das betreute Gut,
dessen bescheidne Früchte mir als Werte galten?

Darf ich ihm dreist vor deinem Thron verklagen,
voll Hoffnung auf Ersatz aus deiner Hand,
muß schweigend ich erdulden seine Plagen
ohn' jedes sichre Unterpfand?

O Herr, es gibt so viele Fragen,
auf die mir keiner eine Antwort gibt,
und die vielleicht doch in die Zone ragen,
in der ein Vater seine Kinder liebt.

Sind wir denn wirklich angewiesen
nur auf das Recht, das wir uns selber geben,
und hätten keinen Anteil an dem höhern Leben,
das deine Boten uns verhießen?

Wie soll in diesem Widerstreit
von Zweifeln ich beraten sein?
Ists wahr: „in solches Erdenleid
mischt Gott der Vater sich nicht ein?“

Antwort

Er gab Vernunft und Einsicht, Urteil und Genie,
um seine Menschenkinder hochzuheben
über die Ebene vom lieben Vieh
zu einem reinen starken bessern Leben.

In dieser Zone zwischen Mensch und Tier,
ist ihm, dem Menschen, Macht verliehen,
mißbraucht er sie — das merke dir! —
wird ihm sein Mißbrauch nicht verziehen.

Er darf in seiner Sphäre schalten
beileibe wie ein junger Gott,
vermag er aber Ordnung nicht zu halten,
verfällt er seinem eignen Spott.

Was er verfehlt in seines Sinns Betörung,
das wirkt sich aus im weiten Weltenhaus,
und löst als planetarische Verstörung
noch größere Verwirrung aus.

Und nun den Herrgott anzurufen,
ist leider ohne jeden Sinn:
es sinkt der Mensch an Seines Thrones Stufen
als der zerbrochene arme Sünder hin.

Umstellung

Seit ich erfuhr, daß du den Irrtum liebst
als sichren Führer zu der Wahrheit Weihe,
und deshalb oft das nahe Ziel verschiebst,
begeh' ich meine Sünden ohne Reue.

Ich weiß ja nun, daß nur durch Sünden,
die, wilden Blumen gleich am Wege blühn,
ich den verborgnen Pfad kann finden
auf deines Wesens Mitte hin.

Ich weiß, es sind zumeist die dunklen Strahlen,
die deines Lichtes wahre Wirkung künden,
und — ohne mit der Finsternis zu prahlen —
will ich durch sie den Weg zum Lichte finden.

Vergeltung

Aus deiner Hand will ich die Kräfte ziehen,
die Macht der Bösen zu zerbrechen,
und niemand soll sich mehr erfrechen
zu hindern, was du mir verliehen.

Ein Druck von deiner starken Faust
wird die Entarteten in Staub zermalmen,
vom Blitzstrahl, der aus deinen Augen saust,
werden die Feuer der Vergeltung qualmen.

Barmherzigkeit und Milde sind verblaßt,
wo die Verfluchten unter Qualen ächzen,
und jeder, der dich dumpf gehaßt,
soll ohne Hoffnung nach Erlösung lechzen.

Wir aber, die dein gütiges Verzeihen,
hinaushob über deines Zornes Wehen,
gewöhnen uns, an deiner Opfer Reihen
mit kühlem Blick vorbeizusehen.

Irdischer Richter

Gewähre mirs, vor deinem Tribunal zu beten,
und gib mir Vollmacht nur in den Bezirken,
in denen Böse die Gebote übertreten,
die in Erfüllung deines Willens wirken.

Gib mir Gewalt, Verstockte zu bestrafen,
die keiner Umkehr fähig sind,
und sondere die Böcke von den Schafen,
den schlechten Vater von dem guten Kind.

Dann wird Gerechtigkeit auf dieser Erde
so möglich wie ein Hauch kann Winde wenden,
bis a l l e mit entschlossener Gebärde
den Wahnsinn der Verruchten enden.

Irdischer Richter II

Gib klaren Blick in allen Lebensdingen,
durchdringe mich mit deiner Kraft,
laß flammen in mir jene heilge Leidenschaft,
in der noch stets Verräter sich verfingen.

Gib Härte mir, wo meine Pflichten sie gebieten,
und laß nur dort mich deine Gnade kennen,
wo Schwache, die dich nie verrrieten,
noch heute dich bei deinem Namen nennen.

Doch laß die Strenge nicht entgelten
mich, der ich in deinem Auftrag handle,
und das, was lenkt und lindert deine Welten,
in menschliches Gesetz verwandle.

Dornenpfad

Ich brauche Stille, um dich zu erkennen,
im Lärm des Tages kann ich dich nicht nennen.
Du bist die Hülle dessen, was uns schmerzt,
das Tor zur Freiheit, die wir uns verscherzt.

Du bist uns niemals klar gegeben,
du bist uns selten rein geschenkt,
wir müssen unermüdlich nach dir streben,
von Sehnsucht wie vom Gram gekränkt.

In Qualen müssen wir empor
die Leiter deiner Seltsamkeiten,
und noch im Tod hört unser Ohr
die Gegner deines Namens streiten.

Wir müssen darben und entbehren,
bis uns die Haut in Fetzen geht,
und dann erst darfst du uns gewähren,
daß unsre Seele aufersteht.

Auferstehung

Das Dunkel meines Grabes schreckt mich nicht,
auch nicht die Tiefe seiner Schachtung,
ich scheide gern vom allzu grellen Licht
in die Bezirke freundlicher Umnachtung.

Der Mutter Erde heilig feuchter Grund
wird mit Erschütterung mich durchbeben,
und, bin ich noch so sterbenswund
zu neuem Aufstieg neue Kräfte geben.

Der schwere Stein vor meines Grabes Tür
wird eines Tages lautlos weichen,
ich liege still, und ich vertraue dir,
mein Vater, denn — du gibst das Zeichen.

Passion

Nur zerschmettert und zertreten
kann ich deiner Gnade Durchlaß sein,
niemals darf ich um Vollendung beten,
will ich trinken der Verklärung Wein.

Denn du bist so groß, daß nur die Qualen
derer, die du wählst für dich zu sterben,
die noch ungebrochnen weißen Strahlen
des Versöhnungsbogens prunkend färben.

Nur in unserm Schmerz und unserm Winseln
wird das Letzte deiner Absicht klar,
und was Maler mit den vielen Pinseln
ängstlich prahlend auseinanderfalten,
das Geheimnis deiner Liebe zu gestalten,
ist im Grunde schrecklich — einfach wahr.

Kreuzträger

Das Kreuz in meinem Rücken, das sich schwer
in Mark und Schultern seine Furchen gräbt,
zerpreßt den Atem mir als wie ein Bär,
der nur zu neuem Schlag die Pranke hebt.

Ich lieg in Schmerzen wie verrenkt
und wage kaum den Kopf zu heben,
ob nicht des Engels Gnadenblick sich senkt,
um meine Hoffnung zu beleben.

Da tönt ein Zuruf wie aus engem Tal
an meine klangentwöhnten Ohren:
„Sei nur getrost, ich bin die Qual,
und in mir wirst du neugeboren.“

Wiedergeburt

Ich spüre, wie vom Umriß meines Leibes
du trägst die Maße ein in deine Normen,
um, wie den Menschenkeim im Leib des Weibes
aus mir ein neues Seelenbild zu formen.

Als Innenhülle einer dehnbar-schwanken Sphäre
soll dieser Wechselbalg mein künftig Sein vertreten
in den Bezirken deiner Unzugänglichkeit,
indess' ich draußen stehe, um zu beten:
Herr nimm von mir das alte schwere
und schenk mir das begehrte neue Kleid.

Da schaust mit Rätsel-Augen du aus deiner Stille
tief in den Abgrund meiner Brust hinein:
„Dein neues Selbst ist deines alten Hülle,
und wie die Sonne wärmt den Stein

soll Glanz und Liebe jenes Ehemals umfluten,
das mit Gewicht sich in die Tiefe senkte,
indess' der Strahl von meinen ewgen Gluten
dein Auge hin zu meinen Höhen lenkte."

Licht und Luft

Gibst du mir nur den Zipfel einer Möglichkeit,
aus dem Unendlichen mir Licht zu saugen,
so kann für eine ungefähre Zeit
mir Luft als einzge Nahrung taugen.

Ich segle dann im Raum des Gleichgewichts
des Atemhebens und des Atemsenkens
vorbei an Wasserfällen des Gerichts
auf kühlen Wogen reinen Denkens;

ich schaue auf dem klaren Meeresgrund
die Perlen, die auf meine Taucher warten,
und bade meinen müden Leib gesund
in meines Gottes feuchtem Palmengarten.

Gottgebundenheit

Du läßt mich grollen, greinen, protestieren
und tust geruhsam, was dein Wille will:
es soll mich keiner mehr zur Welt verführen!
Ich lieg — in deine Hand gegeben — still

und sauge die mir angetane Wärme
in meine neugeborne Seele ein,
ich spür den Atem der antiken Therme
und will nichts weiter als gebadet sein

in Licht und Wohltat deiner Milde,
die mich durch Dunkel in die Klarheit siebt,
und noch im schmerzgebundenen Gefilde
Bewußtsein deiner Allmacht gibt.

Heiliger Trotz

Willst du mich wieder schelten, schlagen, scheuchen?
ich werde nicht aus deinem innren Kreise weichen,
in den ich einmal eingetreten bin.

Des Schicksals Mißgunst, Grausamkeit und Tücken
sollen mir nimmermehr den Blick verrücken
auf deiner Wesensmitte wahren Sinn:

der ist Versöhnung, stille Güte, Gnade,
in die einmünden aller Seelen Pfade,
die noch in qualvoll zitterndem Verlangen
in deiner Strahlung fernsten Fasern hangen,

bis deiner Liebe leuchtender Entschluß
von ihren Leiden sie erlösen muß.

Rettung

War mein Wesen so zerrissen,
meiner Seele Festgewand
so durchlöchert und zerschlissen,
daß ich nirgends Ruhe fand,

als in deinen blauen Bahnen,
Vater, in den hellen Höhen,
wo die weißen Wolkenfahnen
um die selgen Berge wehen —

nun, dann laß in deinen Räumen,
die wie feste Burgen sind,
mich von meiner Jugend träumen,
so, als wär ich noch ein Kind,

dem kein Mangel an Erbarmen
jemals eine Hoffnung raubt,
das in seiner Mutter Armen
fest an seinen Himmel glaubt.

Wechselwirkung

Daß ich dich, Gott, in meiner Schwäche finde,
bedeutet nicht, daß deine Macht hinschwinde:
du machst dich zart, um in mich einzugehn,
und ich bin schwach, um deine Zartheit zu verstehn.

Wär All und Welt in nichts zerstoben
und nur noch lebend du und ich,
du gäbst mir Atem, dich zu loben,
und sieh: die Welt erneuert sich.

Vertrauen

Nicht als ob du immer zu mir sprächest,
wenn ich gierig nach Erleuchtung bin,
nicht als ob du jedesmal zerbrächest
meinen ungestümen Knabensinn,

wenn ich ungeduldig mich dir nahe,
deines Geists teilhaft zu sein —
aber immer, *wenn* ich dich empfange
gehst du *ganz* in meine Mitte ein.

Daß du niemals mich verrietest
an die Halbheit und das Drüberhin,
daß du stets dich überbietest
in der Spendung von Geduld und Sinn,

daß du immer Nachsicht mir erzeigest,
wenn ich deinem Flug nicht folgen kann,
dich verzeihend zu mir neigest,
wie zum schwachen Weib der Mann —

all dies dank' ich dir aus reiner Seele,
die des Anschauns deines Lichts bedarf,
und den Mantel ihrer Fehde
voll Vertraun zu deinen Füßen warf,

der du lösest uns vom Ungenügen,
von der Zweifelsucht, von Gram und Angst,
und um unser Siegen oder Unterliegen
liebreich wie ein Vater bangst . . .

Gehorsam

Wenn du gebietest, daß ich schweige,
versinkt mein Singen wie im Schlamm,
wenn du befiehlst, daß ich mich neige,
beugt sich mein Rücken wie ein Damm

von Steinen, die das Ewge stemmen
in wildgetürmter Felsenschlucht,
der, wenn ihn auch die Wasser überschwemmen,
stets in sich selbst nach neuer Haltung sucht.

So tief bin ich in deine Art versenkt,
und doch dem eignen Willen untertan,
daß dieser Wille niemals anders denkt,
als er nach deinem Willen denken kann.

Glaube und Wissen

Glühend wie Stahl und geschmolzen wie Erz
kann nur der Glaube die Welt überwinden.
Wendet das Wissen sich himmelwärts,
nimmermehr wird es Bestätigung finden.

In den Verließen der forschenden Hirne
werden die Waffen der Wirkung geschmiedet,
doch in dem Blick auf die fernen Gestirne
wird dir die Unrast des Herzens befriedet.

Laß dich erschüttern von Weltengewittern,
die deine Einsicht in Irrtum verkehren —
unter den Trümmern, trotz Zagen und Zittern,
wird sich dir einzig dein Glaube bewähren.

Gott und Tod

Stürbst du im Tode, wärst du nur das Leben,
allein ich weiß, daß du in beiden bist.
Mitten im Leben sind wir ja vom Tod umgeben,
der niemand anders als dein Schatten ist.

Du bist die Lebenskraft, von der wir zehren,
du bist der Grabesraum, in dem wir ruhn,
wir lassen, lebend, uns von dir ernähren,
und schwinden sterbend, willst du es nicht tun.

Und hören doch nicht auf, zu sein in dir,
der unserm Schwinden Dauer leiht,
und unser Totsein für und für
hinüberrettet in die Ewigkeit.

Gott und Tod (II)

Zuweilen glaub' ich dein Geheimnis zu verstehen:
du hältst uns fern von deinen Sphären
bis zu dem Tag, da wir zu deinen Ehren
genötigt sind, in diese Sphäre einzugehen.

Und dieser Tag — es ist der Tod.
Ihn schon beizeiten zu ersehnen
bedeutet nur: den Abstand ohne Not
nicht allzuweit hinauszudehnen.

So läuft das Leben in der Doppelspur,
in der bald dieser bald der andre Pfad erglüht,
lautlos erprobend ob die fügsame Natur
auf beiden Wegen deinen Wunsch erriet.

Unio mystica

In jeder Stunde, da die Last der Erde
mit ihrer Wucht dich zu zermalmen droht,
spricht Gott in dir ein zündendes ,,Es werde!"
und leuchtend, wie ein junges Morgenrot,

steigst du empor in jenen Raum der Wandlung,
drin sich vollzieht die alte heilge Handlung.
In deiner Erdenpflichten lachender Versäumnis
erfährst du hier das große Weltgeheimnis:

Die Kräfte dessen, der dich leiden läßt,
sie müssen all' in deine übergehen,
er führt dich auf den Gipfel der Bedrängnis
nur, um dich reif zu machen, die Empfängnis
der Gotteskraft in dir zu überstehen —
und aus dem Schmerzensabgrund blüht ein Freudenfest.

Dann bist du eingeweiht zu neuen hohen Taten.
Im Kern des Wesens nur von ihm beraten,
läßt du in dir nur seinen Willen walten
und darfst in seinem Namen deine Welt gestalten.

Richtlinien

Des Lebens Atem weit hinauszuspinnen
bis dahin, wo er deine Kreise faßt,
heißt doch nur: jener Richtung nachzusinnen,
die du von Anfang uns gegeben hast.

Das Endliche dem Ewigen verbinden,
daß es erkennbar in den Alltag wirkt,
bedeutet: jenen Ankergrund zu finden,
der unserm Erdendasein Halt verbürgt.

Wir haben nur den Auftrag zu erscheinen
und wissen weniger als jedes Kind.
Erst wenn wir uns mit dir vereinen,
beginnen wir zu ahnen, wer wir sind.

Tugendlehre

Zu sogenannten Heldentaten
hat mich mein Gott niemals getrieben.
Ich weiß, daß Menschen, welche Kämpfe lieben,
nur allzuleicht im Blute waten.

Es ist schon viel, wenn man sich tapfer zeigt
im Alltagskampf von Stund' zu Stunde
wenn man geflissentlich verschweigt
das Brennen einer alten Wunde,

wenn man dem eingeschlagnen Weg getreu
nicht hier und dorthin läßt die Blicke schweifen,
um, teilbar wie ein Hirschgeweih,
noch dies und jenes zu ergreifen.

Die sogenannte gute Eigenschaft
ist meist uns von Natur gegeben,
und Stetigkeit ist eine Kraft,
die aus sich selbst verlängert unser Leben.

Mahnung

Wenn Neid und Mißgunst dir die Hände binden,
versuche deiner Fessel dich zu freuen,
denn jede niedre Tat darf nur gedeihen,
kann sie zur Freiheit Licht und Wege finden.

Versuche nur die Sphäre zu erwärmen,
die kalt und feindlich dir entgegentritt,
und nimm den Ruch von ihrem düstern Schwärmen
in deine helleren Bereiche mit.

Dann raubst den Stachel du gemeiner Schmähung,
ein jeder Schaden wandelt sich zum Segen,
bei deines Sieges festlicher Begehung
wird selbst im Bösen sich das Gute regen.

Der Gipfel

(Ethisches Ideal)

Sei glücklich, wenn sich deine Pflicht erfüllt
wie eine Garbe, die von innen glüht,
und deiner Seele Glänzen dir enthüllt,
wieviel an Wirkung deinem Tun erblüht.

Dann brauchst zur Pflicht du dich nicht mehr zu zwingen
erahnst der innern Freiheit Morgenrot,
auf deren zartbetauten Rosenschwingen
dein Geist in hellere Bereiche loht.

Dort wirkst du frei — nicht mehr beraten
von starren Regeln einer dunklen Zunft —
und jener Friede liegt auf deinen Taten,
der höher ist als die Vernunft.

Tripolarität

Es ist nicht so, als ob ins Ungefähre
ich meines Wesens Strahlen sende,
und auch nicht so, als ob vom fernen Meere
zu mir die gleichgeformte Gegenkraft sich fände,

doch ist es so, daß zu dem Punkt, den ich erwähle,
du schon in inniger Beziehung stehst,
so daß, wenn ich mich ihm vermähle,
du selbst als Mittler übergehst

von seiner Kraft zu meiner Milde,
und zwischen dir und ihm und mir
die schöpferische Dreigestalt sich bilde,
in der die Kräfte kreisen für und für.

Heilige Armut

Die Erdenarmut ist nicht schwer zu tragen,
wenn du von unsrem geist'gen Wagen
die Früchte birgst in deinen lichten Raum.
Man spürt die dunkle Bürde kaum,

die uns der Hochmut jener auferlegt,
die eigner Hochmut feierlich zu Grabe trägt,
als sei des Lebens wesentlich Ergebnis
das reiche prunkende Begräbnis.

Mich, Herr, laß arm (doch reich in meinem Wirken)
die Bahnen dieser Sichtbarkeit begehn —
mir ist es wichtiger, in den Bezirken
des Unsichtbaren wieder aufzustehn.

Neue Bedenken
und ihre Überwindung

Bist du nur Wunschbild meiner Einsamkeit,
soll ich vermeiden, dich zu preisen?
Wollen die Zeiger deiner Wesenheit
mir nur den Weg ins eigne Innre weisen?

Hat sich mein Ehrgeiz auf ein falsches Ziel gerichtet,
hab ich mich einem Trugbild anvertraut?
Hab' meine Lobgesänge ich umsonst gedichtet,
mein Hoffen auf Unmögliches gebaut?

Doch halt! — ich kann dich nicht verneinen,
ich müßte denn mich selbst in dir zerstören,
ich kann mich nur erneut mit dir vereinen
und auf die Worte deiner Weisheit hören.

Solang ich atme, lebe, will und denke,
tu ich dies alles nur durch deine Kraft.
Du bist in mir, und die Geschenke
deiner Allwissenheit sind meine Leidenschaft.

Schwanken und Schweben

Darf ich dich rufen, wenn du dich entfernst
in die Bereiche and'rer Weltgeschäfte
und mit erhaben dunklem Ernst
mitleidig siehst auf meine schwachen Kräfte?

Darf ich dich mahnen, daß du mir geschworen,
du werdest nie und nimmer mich verlassen,
wenn nur ich selber blieb dir unverloren
in allen trüben wirren Lebensgassen?

Darf ich dich bitten: nimm dich meiner an,
wenn ich im Abgrund drohe zu vergehen? —
die Hälfte meiner Arbeit ist getan,
wann werd' ich endlich die Vollendung sehen?

Und darf ich glauben, daß du nicht entschwindest,
vielmehr nach vorbedachtem Plan mich lässest sinken,
damit, wenn du dich neu mit mir verbindest,
ich umso gieriger mag deine Nähe trinken?

Du unenträtselbarer ferner Freund,
wie soll ich jemals dein Geheimnis lösen,
daß ich im Guten wie im Bösen
dir immer bleibe nah vereint?

Neue Zuwendung

(Er spricht:)

Du mußt die Schläge deines Herzens zählen
und fühlen: wenn sie stärker wären,
so könnten sie in reinren Sphären
die Ziele meiner Wege zählen.

Du mußt das Totsein deiner Toten leugnen,
vielmehr zu neuem Leben sie erwecken,
was dir an Kraft verbleibt, dem übereignen,
der aus dem Grab sich will in deine Nähe recken.

Du mußt ihn ohne Angst mit deinem Blute stillen,
wie einen Säugling, dem die Ewigkeit
zu greifen, ist bestimmt durch meinen Willen,
mag er auch schwinden in dem Schein der Zeit.

Du mußt in allem, was da war und wird,
die Wurzel deines Daseins finden,
und doch, von allem unbeirrt,
dich dem Unendlichen verbinden.

Dann wird sich alles, was nach Leben ringt,
dem Wirken deiner Seele fügen,
und jedes scheinbare Erliegen
ist die Minute, die vollbringt.

Ausschließlich

Keine Hoffnung als in deinen Welten,
keine Freude als in deinem Licht,
keine Wirkung als in deinem Gelten,
keine Stärkung als in deiner Pflicht.

Keine Liebe als in deinem Weben,
keine Trauer als in deiner Nacht,
keine Ängste als um dein Vergeben,
das das Heil der Seele uns bewacht.

Keine Rettung als in deinen Wäldern,
kein Verbergen als in deinem Raum,
keine Ernte als von deinen Feldern,
kein Erdichten als in deinem Traum.

Kein Erleuchten ohne Offenbaren,
keine Weisheit als in deinem Wort,
keine Sicherheit ohn' dein Verwahren,
keine Schenkung als aus deinem Hort.

Kein Begraben als in deinem Schatten,
kein Erstehen als auf deinen Ruf,
kein Besiegen ohne das Ermatten,
das dein Wille uns als Prüfung schuf.

Weil doch alles, was uns je gegeben,
unverbrücklich kam aus deiner Hand,
ist auch unser Sterben oder Leben
einzig deiner Nachsicht Unterpfand.

Confessio mystica

Ich habe mich an dich gebunden
und bin daheim in deinem Haus,
ich habe mich in dir gefunden
und will nicht mehr aus dir hinaus.

So mußt du nähren mich und hegen
als deines Wesens echten Teil
und mich auf allen meinen Wegen
geleiten bis zum ewgen Heil.

RÜHMEN

Neuer Beginn

Ich will den Weg dir weisen
in deines Gottes Land,
du brauchst nicht weit zu reisen,
es liegt, wo er dich fand
und dir sich offenbarte
in deinem Seelenraum,
dort steht auf hoher Warte
ein alter dunkler Baum.
Das ist der Baum der Freuden,
der Liebe und der Not —
denn ohne Not zu leiden
kommt niemand mehr zu Gott.

Ewige Stadt — Gottes Stadt

Auch wenn ihre Tore sind verschlossen,
dröhnt dein Herzschlag durch die starken Mauern.
Niemand soll den Tränenstrom bedauern,
den er, gläubig harrend, hier vergossen.

Denn das Fühlen von dem Wühlen des Geheimen
geht als Stählen in zerbrochne Seelen ein,
und das Rauschen von den ewgen Bäumen
will Berauschung eines Weltalls sein.

Trinitas naturalis

In meinem Seelenreich da ist ein Wald,
der nur von Ihm verwaltet wird,
von keines Jägers Horn durchhallt —
und seinen Tieren ist Er selbst der Hirt.

In meinem Seelenreich, da ist ein See,
in dessen Spiegel sich die Wolken sehen,
um meines Erdenwandels letztes Weh
in ihre Seligkeit emporzuwehen.

In meinem Seelenreich da ist ein Berg,
in dem will ich dereinst geborgen sein,
wenn er, besiegelnd meiner Seele Werk,
mich labt mit seinem edlen Wein.

Am Ziel

Ich lag am Strand des Meeres
in nackter Einsamkeit.
Die Boten deines Heeres
die woben da ein Kleid

aus Weite und aus Fülle
aus Strahlengold und Blau
aus Andacht und aus Stille,
durchsichtig meiner Schau.

Darf ich nicht Kleider tragen
von Engelhand so fein,
will ich doch immer wagen,
in Unschuld dein zu sein.

Dann hüllen mich Gewänder
schwer von Unsterblichkeit,
es binden mich wie Bänder
der Gottheit Bild und Kleid.

Offenbarung

Wenn du dich öffnest, ist es wie Getön
von Millionen Engeln, die auf Bergen singen,
wenn du dich kündest, ist es wie der Fön,
den zu empfangen Tal und Schluchten ringen.

Und deine Gegenwart ist wie Gebrause
des Sturms, der unsre Schiffe biegt,
der steile Schwung des Adlers, der nach Hause
mit ungeahnter Beute fliegt,

ist wie Gewitterhagel auf den Feldern,
der eilig drischt und manchen Halm vernichtet,
ist wie ein Brand in unsern alten Wäldern,
der Dürres glüht und das Verweste richtet,

ist wie Gebrüll von tausenden Kanonen,
die unsrer Schwäche letzten Hort zertrümmern,
ist wie die Angst von Hirten, die auf Bergen wohnen,
und die von Kindern, die in Wiegen wimmern.

Du bist die Tat und ihrer Wirkung Sehne,
du bist der Pfeil, der sich vom Bogen nährt,
du bist der Leichte, der uns tief beschwert,
du bist der Schreckliche und Schöne!

Der Alltag

Du mußt mich lehren zu bewirken,
was keiner je von selbst begreift,
daß auch in irdischen Bezirken
nichts andres als dein Wille reift,

daß alles Tun und alles Handeln,
das sich in unsre Tage drängt,
mit deiner Sterne ewgem Wandeln
unmittelbar zusammenhängt,

daß alles Hasten, alles Jagen
schon dadurch Ziel und Sinn verliert,
wenn es, von überstürztem Wagen
betört, in falsche Richtung stiert.

Du mußt mir helfen meinen Blick zu wenden
auf Dinge, die dir sind genehm,
auch wenn die anderen es seltsam fänden
und ihren Zwecken unbequem.

Es ist ersichtlich, daß die meisten
auch hier nur streben nach Gewinnst.
Du mußt mich lehren, meinen Tag zu leisten
als einen Dank in deinem Dienst.

Erkenntnis

Du bist das wiederhergestellte Gleichgewicht,
der Meeres-Spiegel nach dem Sturm,
du bist das langersehnte Weltgericht,
der Gnade Siegel, der Vergeltung Turm.

Du bist die überschüssige Verdampfung,
das Rätselwort, das meine Zweifel stillt,
du bist der Balsam der Entkrampfung,
wenn meine Schmerzen toben wild.

Du bist von allem das Ergebnis
und die Ergänzung zur Vollkommenheit,
du bist dem Dichter das Erlebnis,
dem nackten Bettler das ersehnte Kleid.

Dank

Laß mich dir danken, daß du mich begabtest
mit einer Kunst, die dich zu rühmen wagt,
daß du durch mich die armen Seelen labtest
mit einem Trunk, der alles überragt,

was sonst an Quellen und Genesungsbronnen
durch deine Weltgefilde rinnt,
und deine Dürstenden mit Wonnen
erquickt, die unvergänglich sind.

Es sind ja deine Früchte, die in mir gedeihen,
ich bin nur deines Füllhorns treuer Träger,
und niemand, der mich wagt zu zeihen
des Hochmuts, ist im Ernst mein Kläger.

Denn ich bin nur beauftragt zu vermitteln
die Klänge, die dein hoher Mund mir nennt,
und keiner hat das Recht, mich zu bekritteln
als deiner Offenbarung Instrument.

Unverstand

Wenn sie sich sträuben, meine Lieder zu verbreiten,
die doch das Helle in das Dunkle tragen,
dann mußt du selbst mit den Betörten streiten,
die deine Herrlichkeit zu leugnen wagen.

Ich kann nur singen, wie du mich durchtönst,
mit Harfen, Zymbeln, Flöten und Schalmeien,
und wenn du mich mit deinem Klang verwöhnst,
geschiehts um meine Brüder zu befreien

von Dumpfheit, Ängsten, Sorgen und Beschwerung,
von echter und geträumter Not,
um durch die schlichteste Belehrung
den Weg zu dir zu weisen, Gott.

Hymne

Du Ziel und Schwinge leuchtender Erhebung
ins Hohe, Weite, Offene und Freie,
du Sinnbild aller Gegensatz-Verwebung,
ich rühme, preise dich aufs neue!

Du heiliger Vollender meiner Reife,
Zerlöser aller grämlichen Bedrückung,
Urheber, daß ich Welt und All begreife
in täglich höherer Verzückung,

Du Höllenabgrund und du Himmels-Spiegel,
du Kuß der Liebe und der Freundschaft Siegel,
du aller Feindschaft gnädiger Verhüller,
du alles Friedens freudigster Erfüller,

mich drängen Blut und Atem, dich zu nennen,
mich hindert kein Verbot, dich anzurufen,
und sollt' ich ewig nur im Feuer der Erwartung brennen, —
ich küsse glühend deines Tempels Stufen!

In Übereinstimmung mit dem Genius

Nun darf ich glauben, daß mich niemand mehr verdränge
aus meines Vaters früchtetragenden Gefilden,
da meine ernsten hochgestimmten Lobgesänge
von mir zu ihm das Band der Rühmung bilden.

Und keiner soll mich künftig mehr verstoßen
aus seines Reiches lichtbewehrten Ringen,
da die Versuchungen, die großen,
die manchen an den Rand des Abgrunds bringen,

Gewalt verloren über meiner Seele Mark,
die unerschüttert nun, gefestigt, stark
aus Blut und Geist Gebilde schmiedet,

in denen Weltenlauf und Erdensünden
zu kluger Eintracht sich zusammenfinden,
und deren Glanz den reinen Blick befriedet.

Geduld

Du mußt noch warten, bis die Welt es faßt,
daß hier ein neuer Quell sich aufgetan,
du mußt gewärtgen, daß vor Neid erblaßt
so mancher geistverwandte Mann.

Du mußt bedenken, daß der Widerspruch
vor dir wie eine Kluft wird gähnen
von allen jenen, die im Wohlgeruch
des rechten Glaubens sich gesichert wähnen.

Du mußt dich unverwundbar zeigen
vor allen Pfeilen, die sich auf dich richten,
und darfst dich nur vor deinem Höchsten neigen,
der allzeit heiligt deine Pflichten.

Priesterschaft

Je tiefer und dem Alltag abgekehrt
ich in die Fülle meines Innern schaue,
umso viel höher, heller glänzt der Wert,
auf den ich meine Wirkung baue.

Ihr dürft nicht grollen, wenn ich es verschmähe,
in eurem Reigen mitzutanzen,
denn was ich auch in meine Furchen säe,
gedeiht zum Heile eures Ganzen.

Ihr könnt nur mittelbar euch fügen
in meinen Dienst am höhern Wesen:
aus seinen neu enthüllten Zügen
mögt meines Schauens Sinn ihr lesen.

Scheidung der Geister

Alles, was sich willig drängt
über deiner Kreise Rundung,
die als Wohltat mich umfängt
und von dir gegebne Bindung,

soll im Alltag sich bewähren,
kämpfen dort in Staub und Ruch,
— denn bei allen äußern Ehren
gibt es Widerstand genug —

während ich, dem höhern Wesen
zugewandt, aus dem ich komme,
will in deinen Augen lesen,
welche reine Tat mir fromme.

Realitas et perfectio

Du hast die Kraft, durch deines Blickes Zürnen
Verruchte und Verhaßte zu vernichten,
du hast die Macht, noch in verstörten Hirnen
die Blume der Erkenntnis aufzurichten.

Du bist des Winters Frost und Strenge,
du bist im warmen Herd die Glut,
du bist die Weite und die Enge,
die Demut und der Übermut.

Du existierst in deinem Wesen
und bist der Sinn des ewgen Seins,
du bist im Guten wie im Bösen,
und doch in Wirklichkeit nur eins.

Du bist vollkommen und unendlich,
du fliehst die Grenze und du formst den Kreis,
du bist in vielem unverständlich
und bist doch alles, was ich weiß.

Du bist das All und bist der Eine,
der Welten-Turm und meiner Seele Schacht,
und du hast alles, alles was ich meine,
in dir zur Harmonie gebracht.

Gottschau

Du bist in dieser Welt der Wall,
der unsre Schwäche vor dem Abgrund schirmt,
du bist in der Natur der Schall,
der sich zu hohen Bergen türmt

des Jubels über Dasein und Gebären,
des Staunens über Finsternis und Licht,
der Nachsicht mit dem Leichten und dem Schweren,
zu dem es uns so oft an Kraft gebricht,

der Einsicht in das All mit seinem Dunkeln,
an dessen Grenze das Ohn-Ende wacht,
und wo in deiner fernsten Sterne Pracht
die Lichter deiner Augen funkeln.

Harmonia Mundi

Es gibt nun Tage, da ich darf die Hände falten
und meine Kräfte lösen wie ein Tier
und ruhig sagen: ich laß dich nur walten,
der du die Welt verwaltest auch in mir,

da niemand mehr es seltsam findet,
wenn ich bekenne: Sirius und ich . . .
da jedes Selbstbewußtsein schwindet,
wie eine blasse Schranke wich.

Du aber bist im einen wie im andern,
gleich gültig ist dir groß und klein,
du läßt den Glutball seine Straße wandern
und gehst zur selben Stunde in mich ein.

Allgegenwart

Wahrlich, du wurdest mir unentbehrlich,
der du in jede Bresche mir sprangst,
überall, wo mir der Weg zu beschwerlich,
meinem Versagen den Aufschwung entrangst.

Mir selbst überlassen, fänd nie ich nach oben
den Weg in gewohnte Bereiche zurück,
drum muß ich frohlockend den Beistand mir loben,
du stille Begnadung, du heimliches Glück.

Doch niemand begehre, daß ich ihm begründe
dein heilig Geheimnis — fern oder nah,
wo ich verweile, wo ich mich finde,
bist du zugegen, bist du schon da.

Gott und Naturgesetz

Du hast niemals verlangt, daß wir kasteien
den Leib, den du als Lebensform uns schenktest,
wir sollten ihn dem kräftigen Wohlstand weihen,
den du mit deiner Weisheit lenktest.

Doch schickst du uns Entbehrung, Krieg und Not,
die uns von selbst zum Fasten zwingen,
und niemand, der nicht schrie nach Brot,
hört jemals deine Engel singen.

Du bist der strengste Richter deiner Welt,
die wir durch Forschen zu begreifen wähnen:
du hast den Regeln und den Plänen,
die als Natur du schufst, dich selber unterstellt.

Gottes Atem

Schon ein Quentchen deiner Luft,
die ich atmend in mich sauge,
gibt Gewähr mir, daß ihr Duft
mir zur Lebens-Speise tauge.

Wieviel Räume faßt der Raum
deiner Äther-Atmosphären,
die vom ewgen Strahlenbaum
deiner Wirkung Licht begehren!

Endlich ist nur unser Weiten,
wenn die Brust sich hebt und senkt,
während deiner Flügel Breiten
in Unendlichkeiten denkt.

Petra finalis

Laß mich fallen in die Fröste
des von dir Verlassenseins! —
Ich will sagen: es sind Feste
des von dir zertretnen Steins,
der, verworfen und verlästert,
nur noch eine Sehnsucht kennt:
daß man ihn, zum Fels gefestet,
Eckstein deines Tempels nennt.

Vision

Der du wehst aus weiter Ferne,
die kein Menschenauge sieht,
in das Glühen deiner Sterne,
das vor deinem Glänzen flieht, —

der du wirbelst durch die Welten
deiner Katastrophen Trümmer
und erhörest ach so selten
unser flehentlich Gewimmer, —

schüttelst aus in Staubgespinsten
deines Zornes Mantelfalten,
zeigest dich in Feuersbrünsten
in verwegenen Gestalten —

sieh, die Meißel deiner Seele,
die mit leuchtendem Geschwele
auf die purpurroten Fahnen
ihre Flammenspuren bahnen,

graben in die künftgen Zeiten
deines Wesens Runen ein,
formen aus Unsagbarkeiten
deines Tempels letzten Stein.

Choral

Sei stark, mein Herz, und lerne,
daß deines Gottes Kraft,
dir nah in aller Ferne,
in dir will suchen Haft.

Sie will dich ganz durchdringen
mit Weltenharmonie,
damit du ihm kannst singen
die ewge Melodie,

vom Werden und Vergehen,
vom Leben und vom Tod:
die Augen, die ihn sehen,
die wissen nichts von Not,

die Reinen, die ihn schauen,
sind fröhlich immerdar,
auf seine Hilfe bauen
heißt siegen in Gefahr.

So laß mich gnädig leben,
Herr Gott, in deinem Kreis,
daß ich in Müh und Streben
um deinen Beistand weiß.

Beseligt will ich schweben
vor deinem Angesicht,
bis ich, von dir umgeben,
bin Klang in deinem Licht.

Freiheit und Gnade

Gottes Freiheit ist unendlich,
Gottes Gnade ist Vollendung,
ist die erste unverständlich,
bringt die zweite doch die Wendung.

In der Freiheit lebt die Fülle
aller Unausdenkbarkeiten,
in der Gnade wirkt sein Wille
alle eignen Lenkbarkeiten.

Von der Freiheit zugelassen
bleibt die Existenz des Bösen,
doch die Gnade will erfassen
alles Schwache im Erlösen.

Gottes Freiheit ist die Gleichung,
wenn der Mensch in Wellen schwankt,
Gottes Gnade die Erreichung
dessen, der am Halben krankt.

Alle Möglichkeiten schenken
sich der Freiheit Überschwang,
doch die Gnade will bedenken
wie das große Werk gelang,

alle Menschen aus dem Dunkel
ihres Irrens zu erheben,
daß sie still im Sterngefunkel
seiner Liebe Licht erleben.

Genesung

Fülle mich mit deiner Fülle,
laß von Adern mich durchranken,
die aus deiner Gluten Stille
ihres Bluts Beglückung tranken.

Gib mir Wölbung gleich dem Baume,
der in der Entfaltung steht,
den aus deinem lichten Raume
Wärmebalsam überweht.

Laß mich wachsen und gedeihen
in die Räume deiner Weiten,
gib zur rechten Zeit die Weihen
meiner Wirkung in die Zeiten.

Aber laß mich nicht zerfließen
im Gefaser deiner Tiefen,
lehre mich, mich einzuschließen
mit den Stimmen, die mich riefen,

daß die Sammlung meiner Kräfte
führe zu willkommner Wendung,
und die Summe meiner Säfte
blühe auf in der Vollendung.

Magischer Reigen — Mystische Hochzeit

Öffne dich, Umkreis, geh' in mich ein,
doch, mit mir tauschend, täusche mich nicht,
will ich auch willig verwandelt dir sein,
bleibt doch beschlossen in dir meine Pflicht.

Gibst du mir Leben, geb ich dir Streben,
gibst du Verwandeln, geb ich dir Handeln,
immer soll kreisen in fließenden Fluten
Wallung der beiden unsterblichen Gluten.

Nimmer erlahme der zeugende Same,
wenn du befruchtend mein Innres durchdringst,
doch was geboren, bleibt unverloren
dir, der du neu mich mit Klängen beklingst.

Tauschen wir rauschend der Seele Gestalten,
winden uns wirbelnd zu Sternen empor,
immer verströmst du in Liebesgewalten
meine Gesänge im himmlischen Chor.

Göttliche Nächte

Denn die Geheimnisse deiner Nächte
sind meine Jubel- und Freudenbahn,
so, als ob ich nur in ihnen vollbrächte,
was ich bewirke und was ich kann.

In ihr Dunkelheit leuchtendem Schwärmen
ist das Gesetz meiner Freiheit beschlossen,
in ihrer Dämmerung wildestem Härmen
fühlt sich die Saat meiner Seele begossen

von deiner Wohltat tauendem Regen,
der meine Halme zu Ähren erhebt,
von deiner Inbrunst heißestem Segen,
der unter Schauern mein Tiefstes durchbebt.

Was mir die brennenden Tage verhießen,
was sie mir schenkten an lärmendem Licht,
will ich mit Freuden als Strafe verbüßen
vor deinem nächtigen Angesicht.

Entpersönlichung

Wär' es nun möglich, daß du mich entließest
in einen Grad der Unbeteiligtheit,
indes du selbst dich entschließest,
kräftig zu wirken in die Zeit?

Sodaß niemand zu fragen hätte:
„Wer ist der Sprecher, was sagt dieser Mann?"
„(Er liegt auf seinem Krankenbette
und hat nur seine Schuldigkeit getan" . . .)

Und niemand brauchte dran zu rühren,
wie viel an Wirkung du ihm aufgespart.
Dies aber würde jeder spüren,
dies bleibt: du hast dich offenbart.

Abschied

Du schwebst, — eine Wolke aus Purpur und Gold —
in unermeßliche Nebelweiten,
du nahtest dich mir, du warest mir hold,
und dennoch — darf ich dich nicht begleiten.

Du gabst mir die Kraft, die Einsicht, die Gnade
des Göttlichen tief in mein Herz hinein,
und kündetest doch: ,,deine Erdenpfade,
sie können nicht fürder die meinen sein.

Du mußt hier unten noch ackern und pflügen
die Herzen der Menschen, zu säen die Saat,
die jeder nach eigenem Unterliegen
dem Himmel entgegenzureifen hat.

Erhebt sich die Saat, gedeihen die Felder
hochauf in die Hoffnung, die groß ist und rein,
dann laß' ich die Reifsten von euch in die Wälder
der ewigen Seligkeit hinein.''

Tedeum

Dröhnet, Posaunen, flimmert ihr Geigen,
blaset die Backen, himmlische Flöten!
Niemand soll heute versagend erröten,
jubelt und jauchzet: Er wird sich zeigen!

Mögen Millionen von Toden auf Erden
stürzen ins Dunkle die menschlichen Scharen,
mögen sich türmen Entladungsgefahren—
nimmer wird sterben das ewige Werden.

Fürchtet euch nicht vor dem neuen Beginnen,
Zukunft ist euer, die heilige Zeit.
Laßt das Vergangne im Ewgen zerrinnen,
Leben — das ist eine Herrlichkeit!

Inhaltsverzeichnis

SUCHEN

FINDEN

RÜHMEN